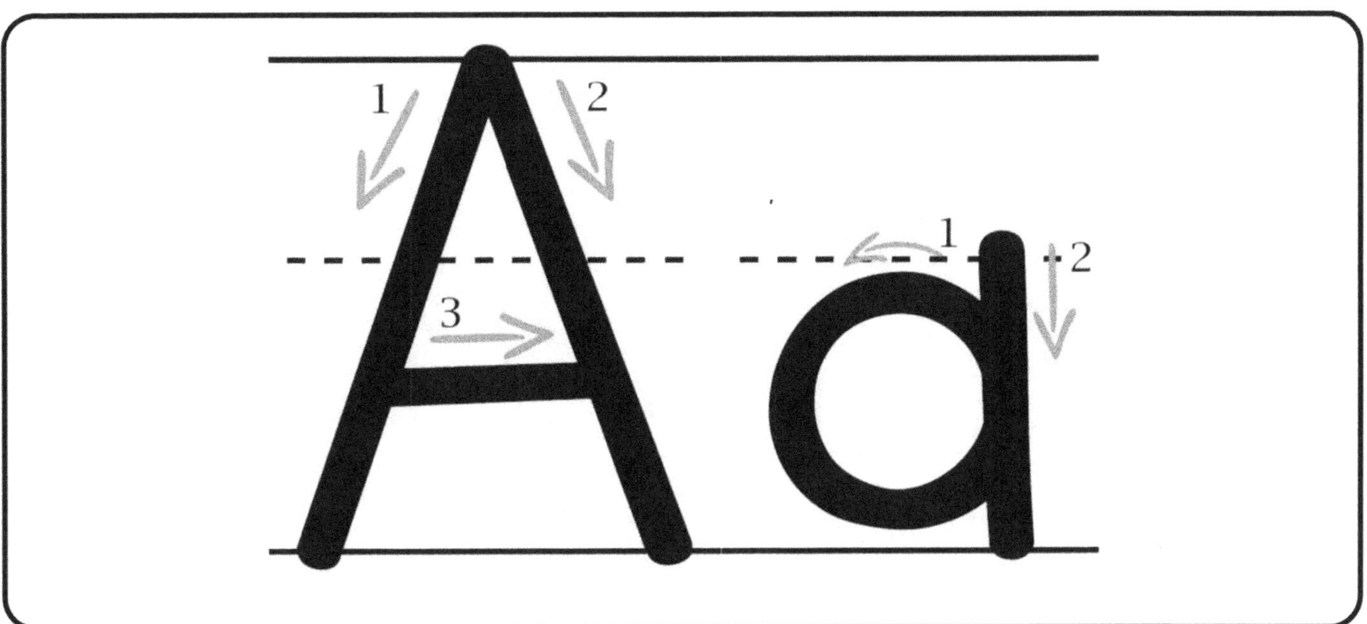

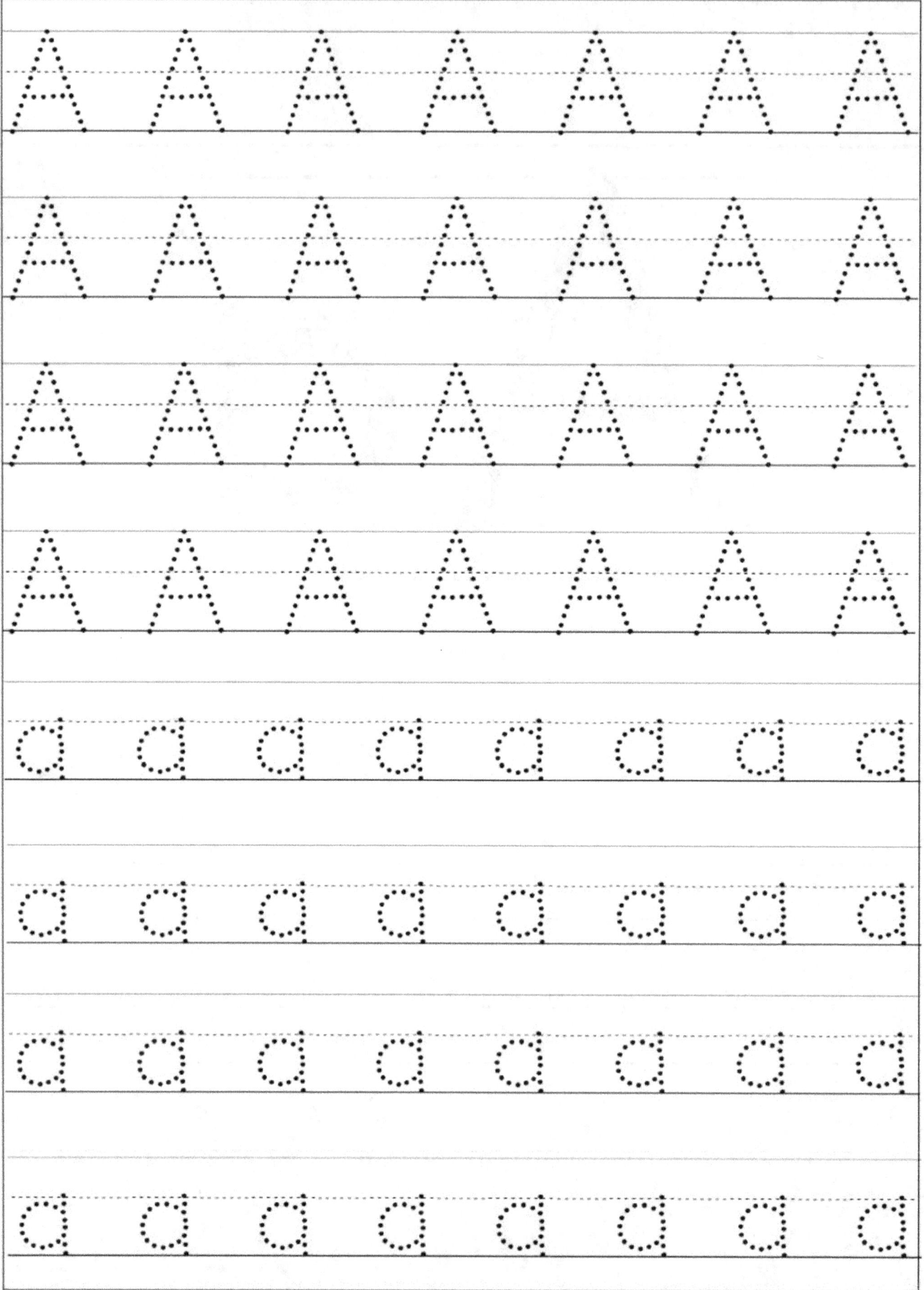

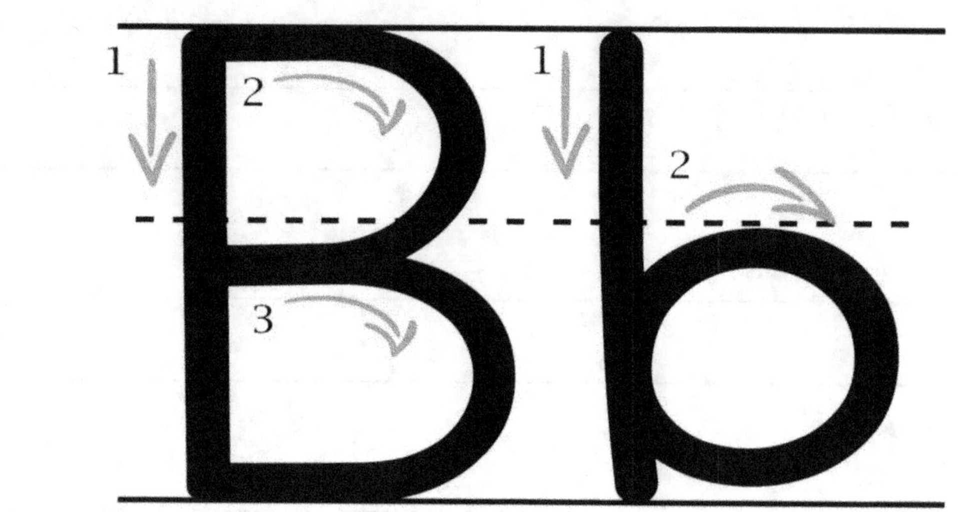

B B B B B B B

B B B B B B B

B B B B B B B

B B B B B B B

b b b b b b b b

b b b b b b b b

b b b b b b b b

b b b b b b b b

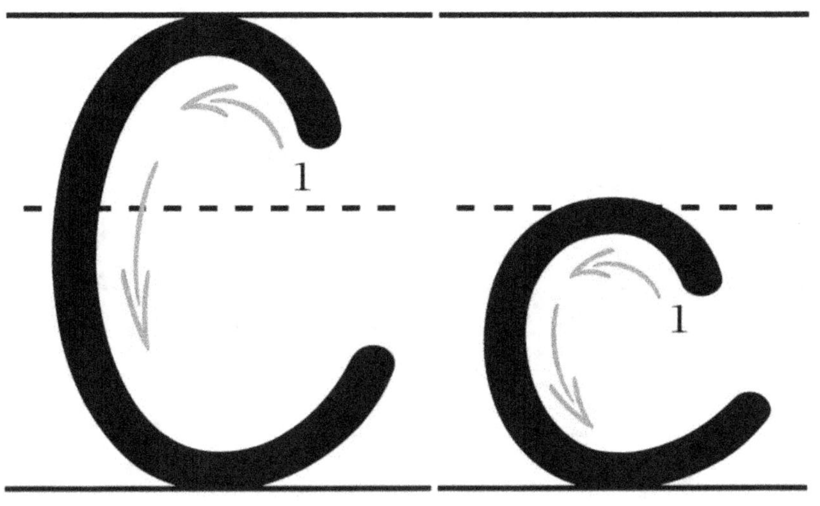

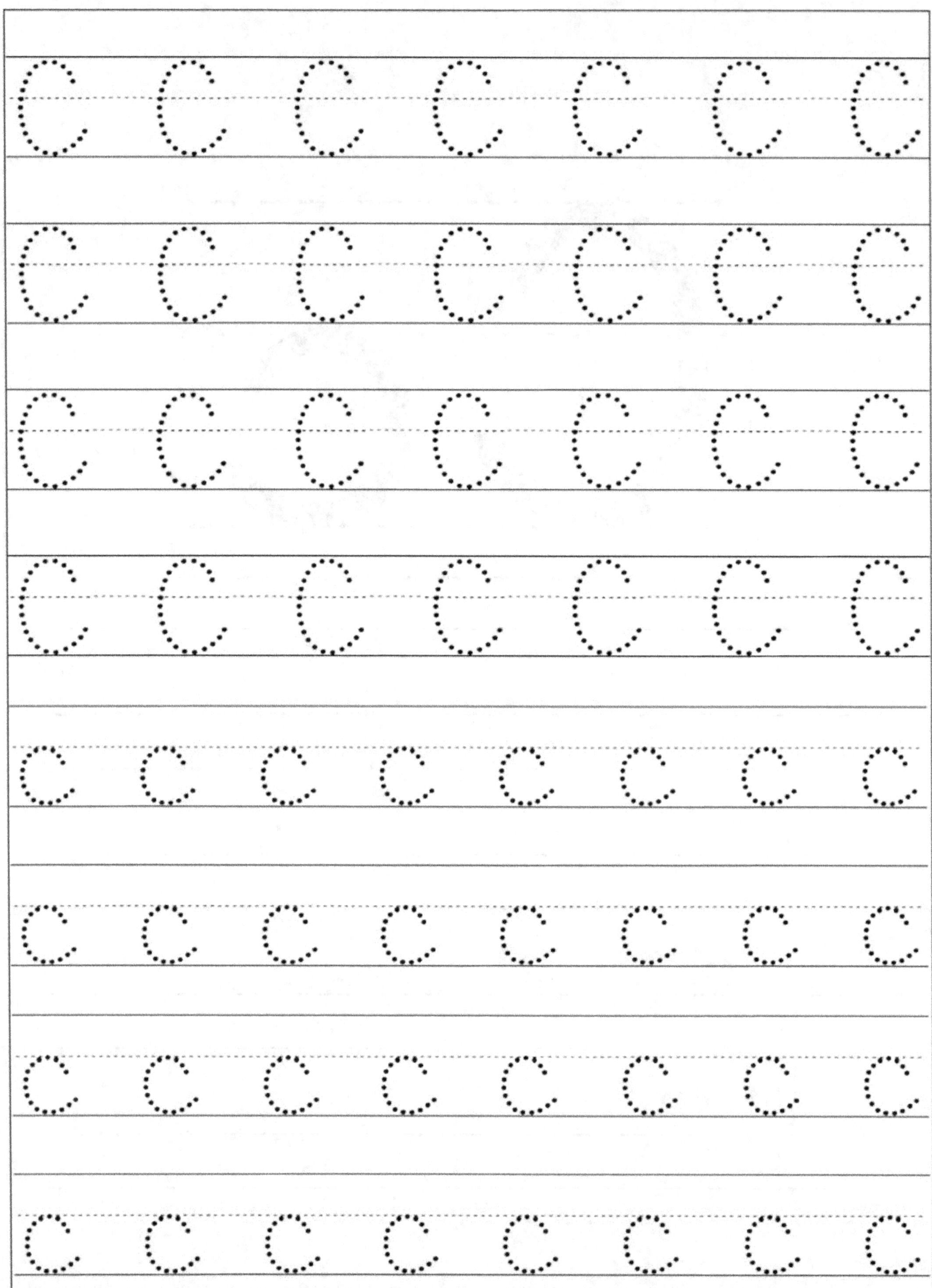

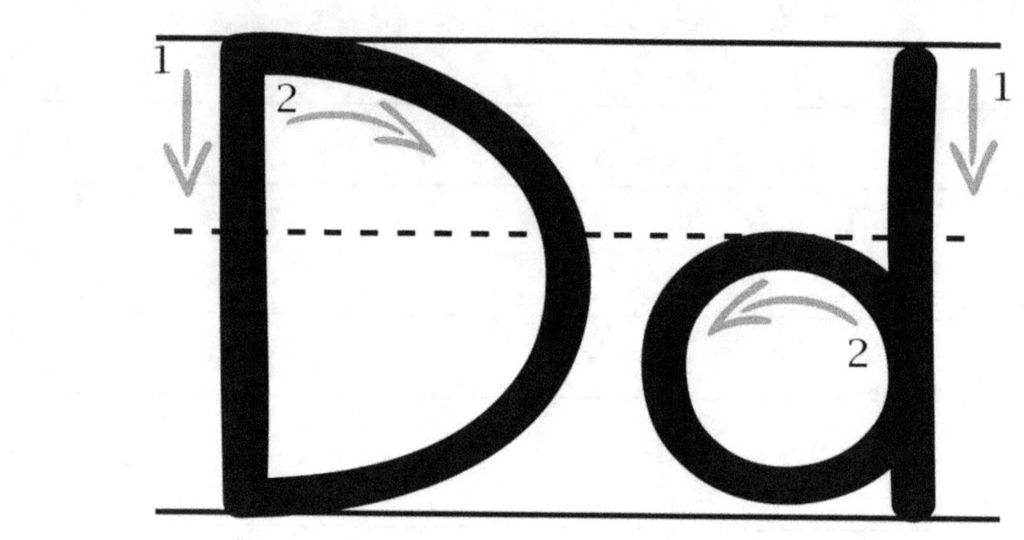

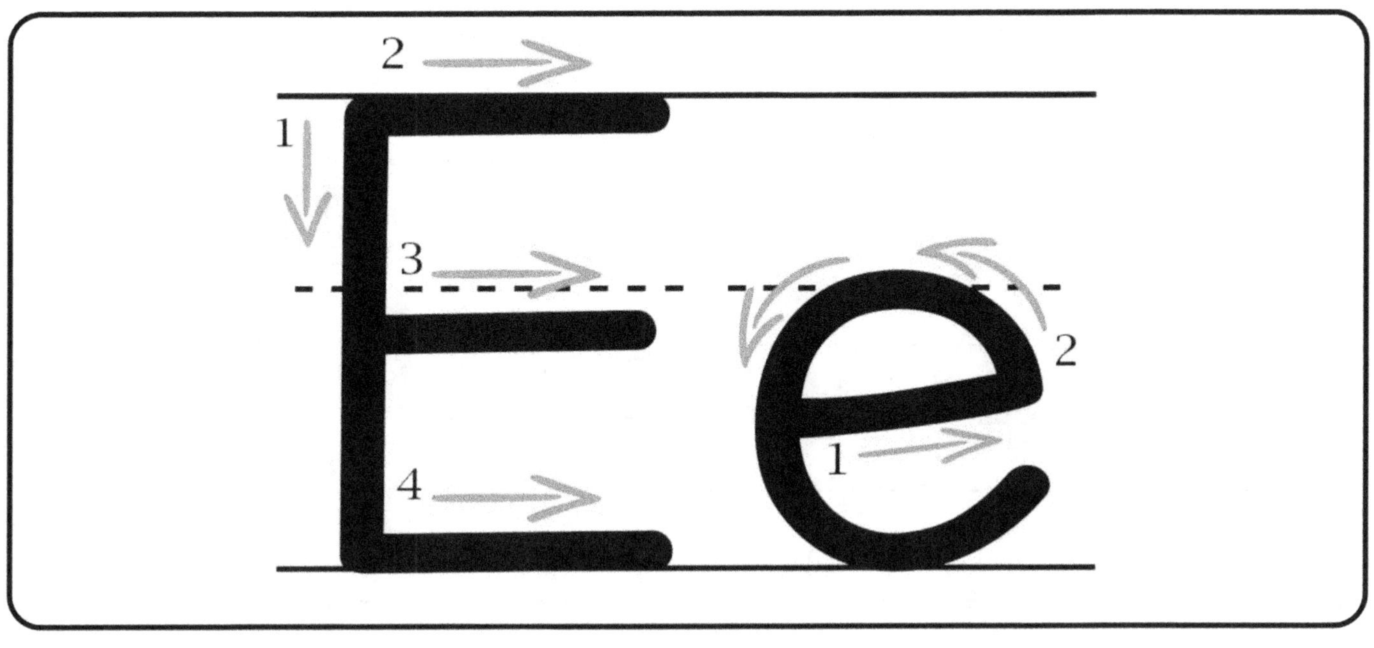

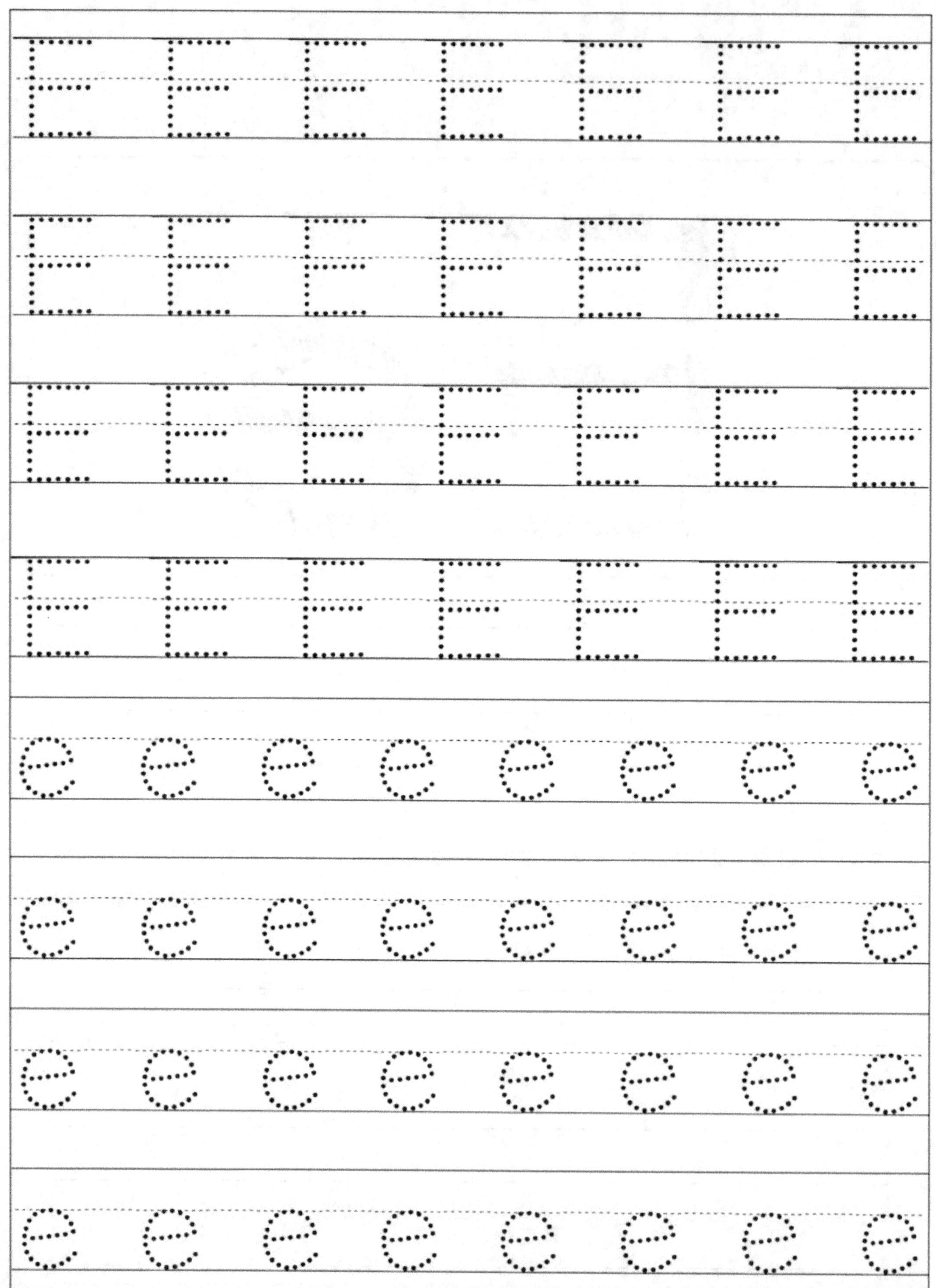

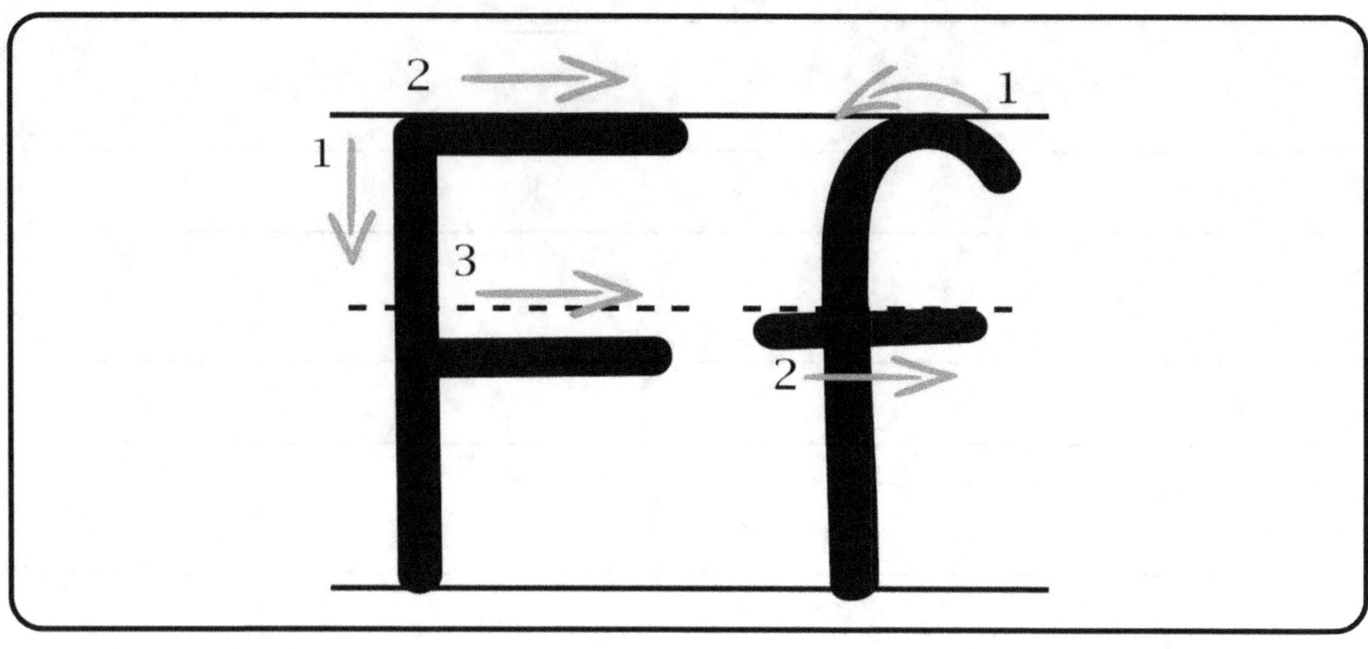

F F F F F F F

F F F F F F F

F F F F F F F

F F F F F F F

f f f f f f f f

f f f f f f f f

f f f f f f f f

f f f f f f f f

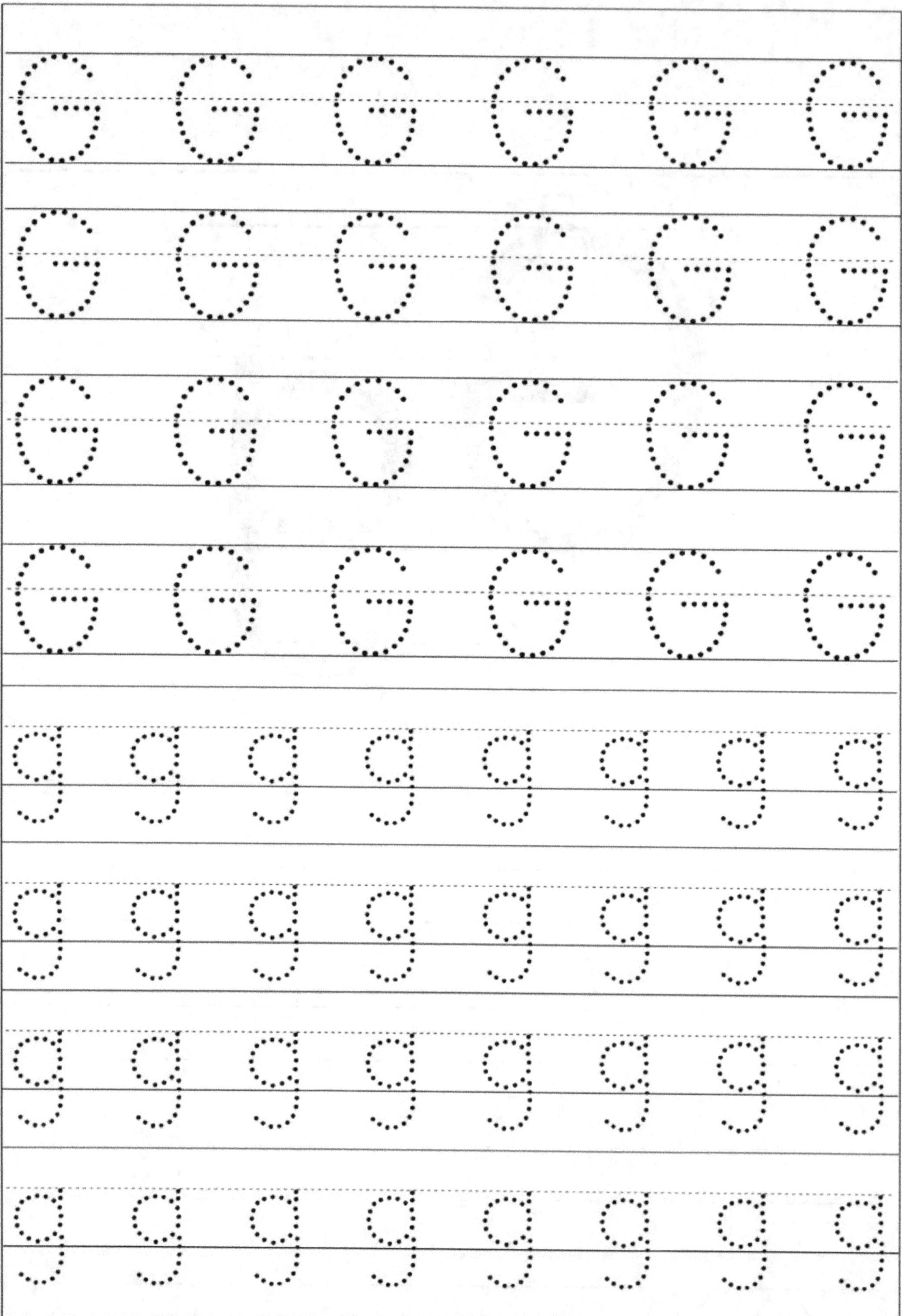

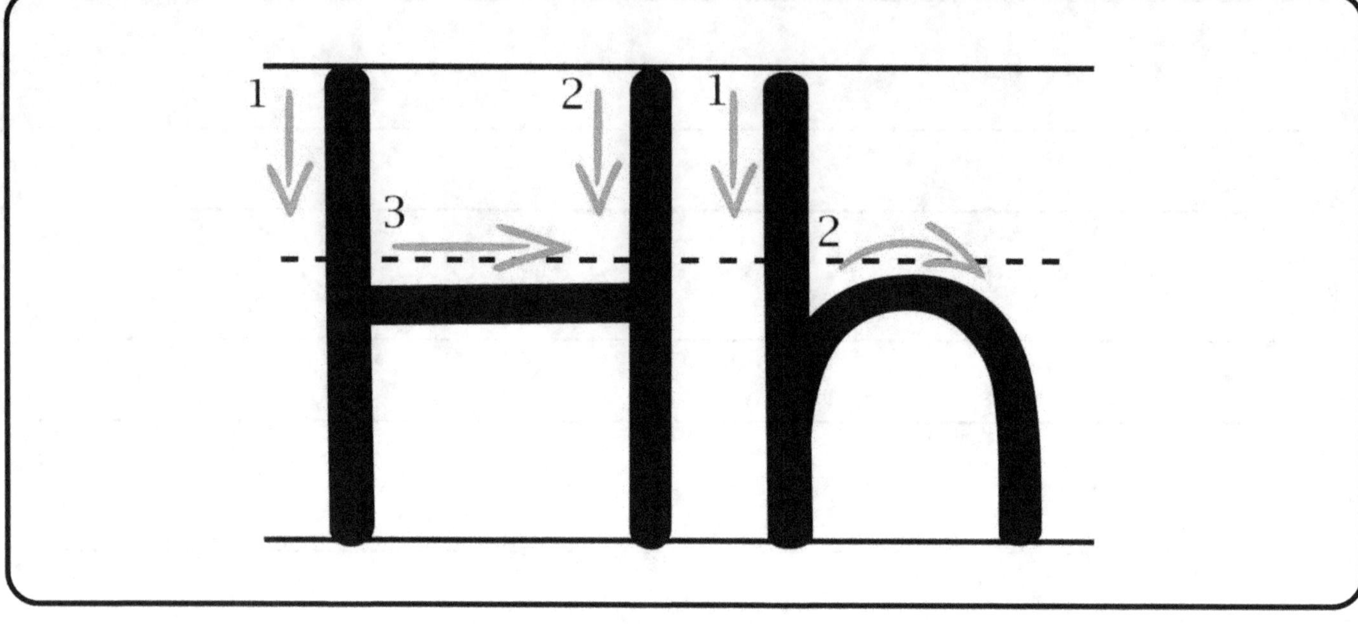

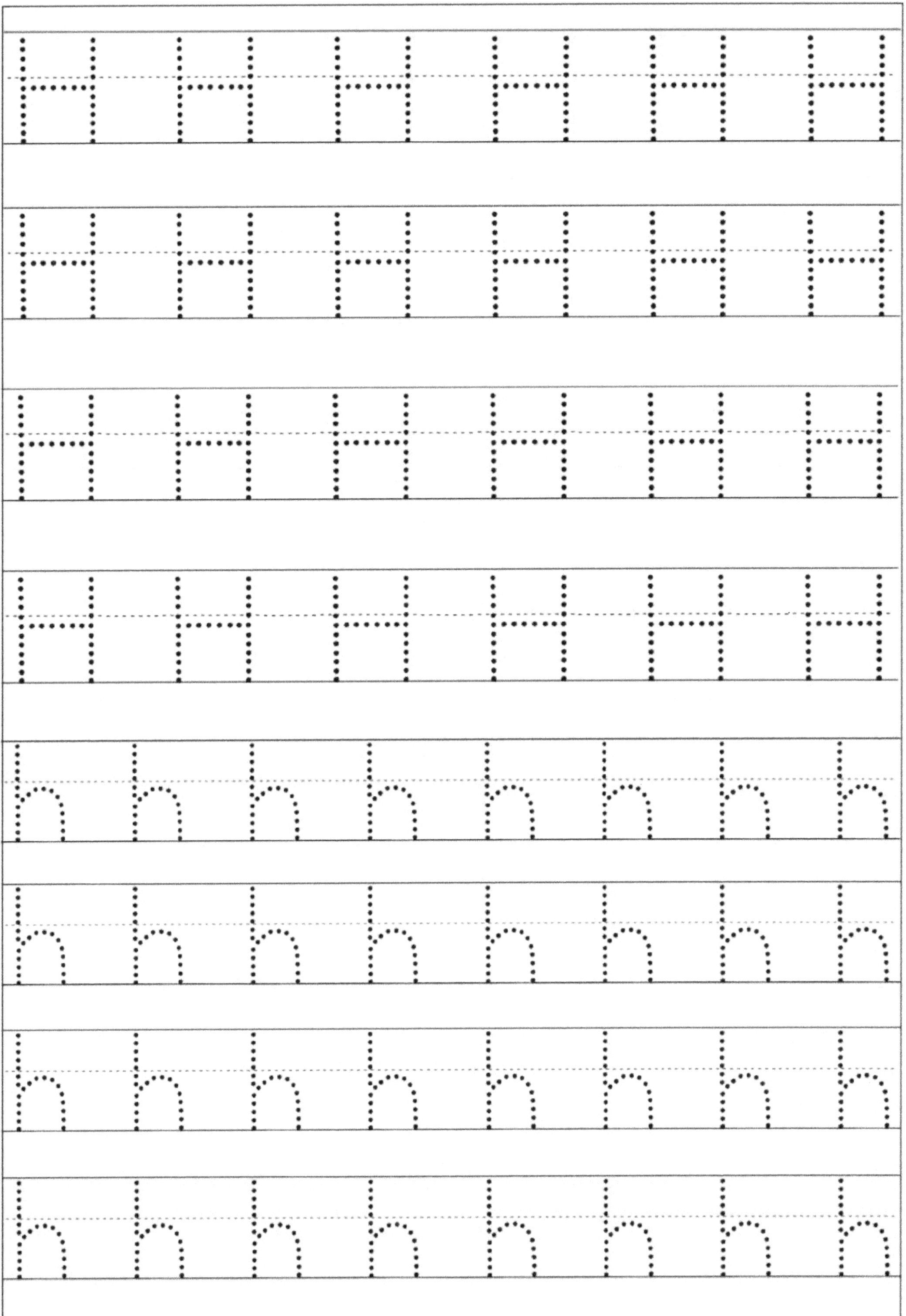

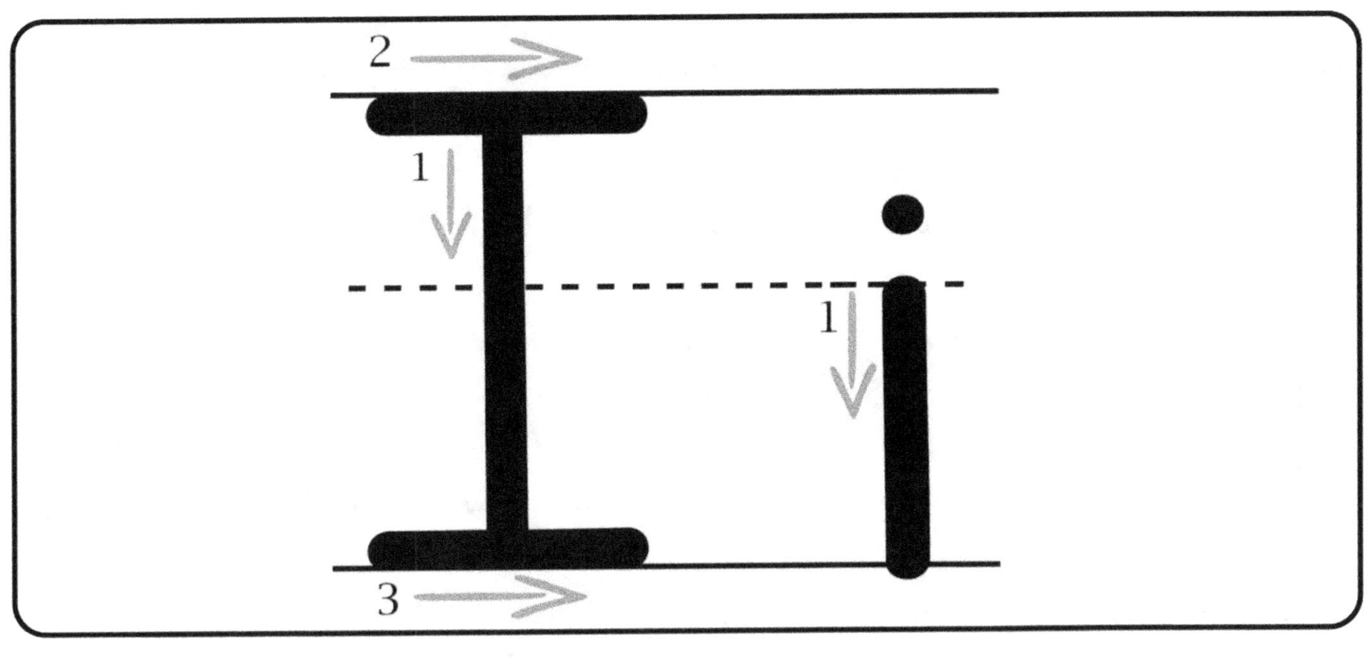

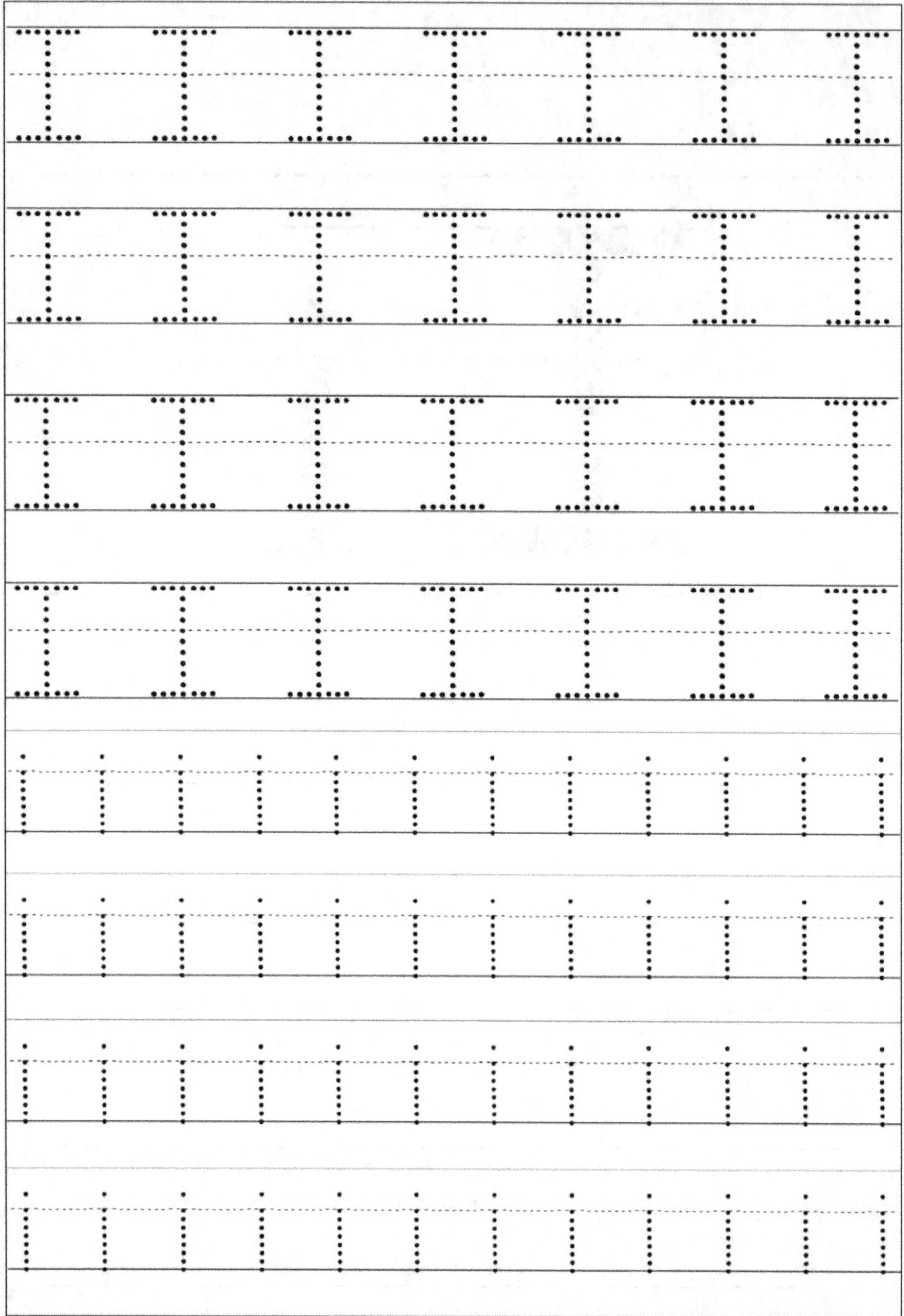

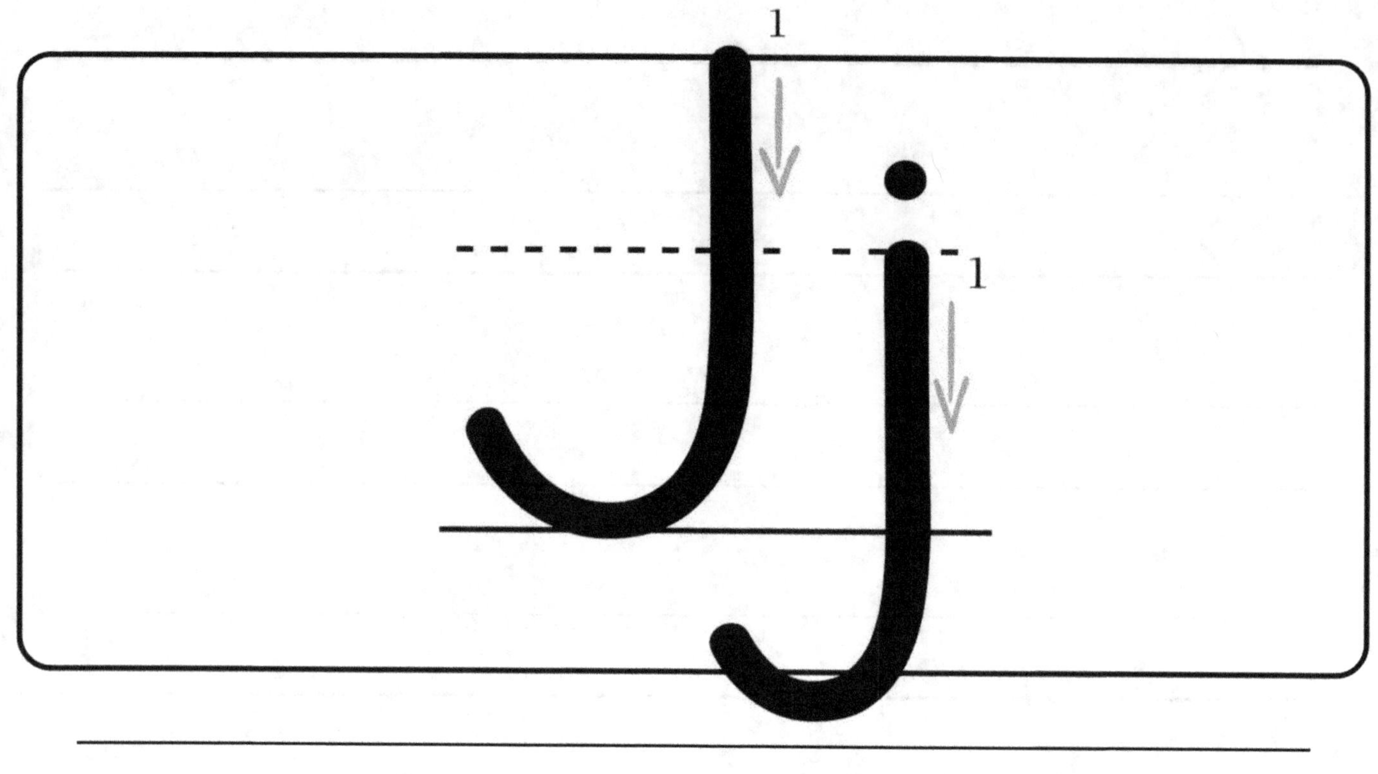

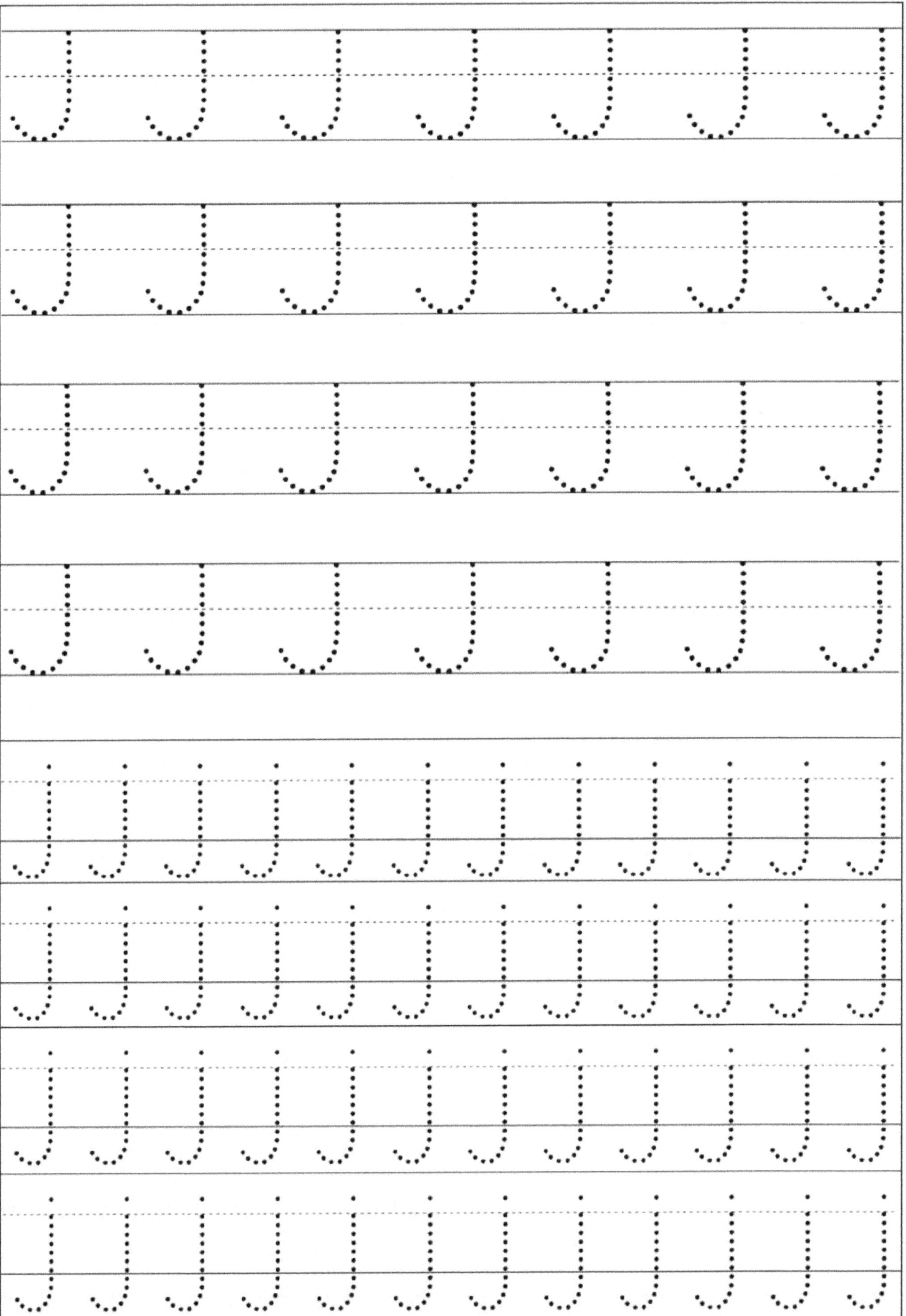

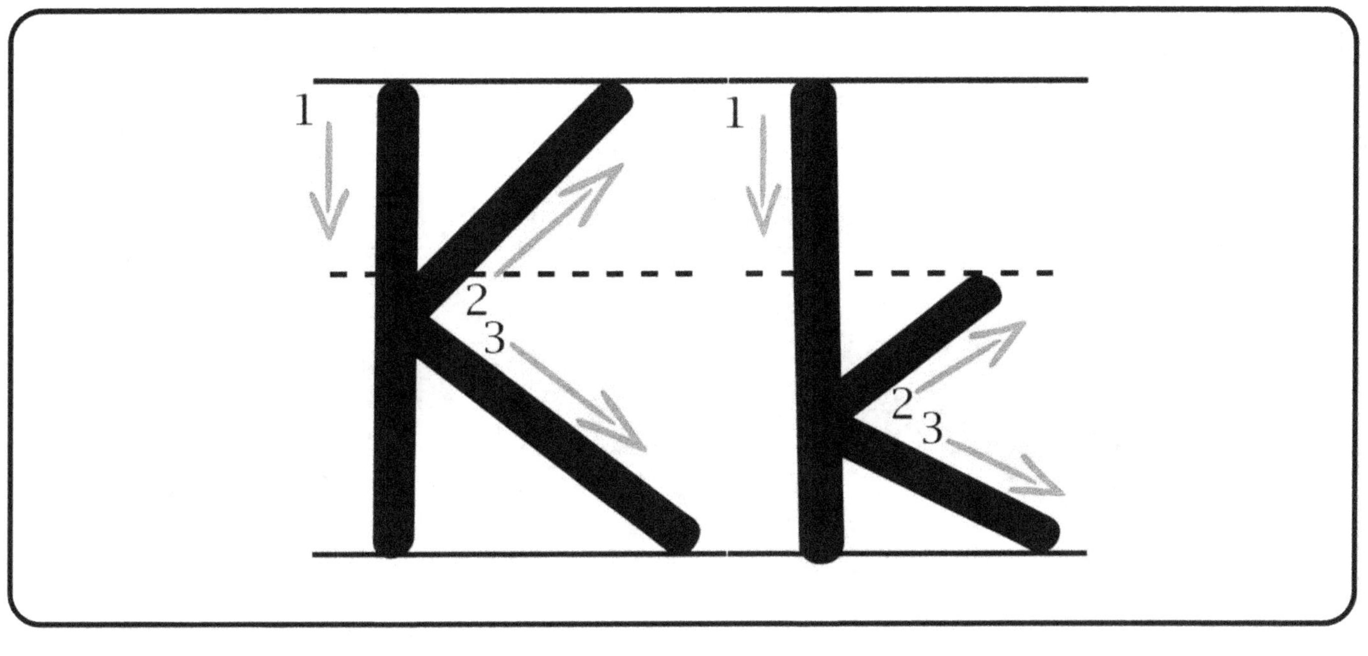

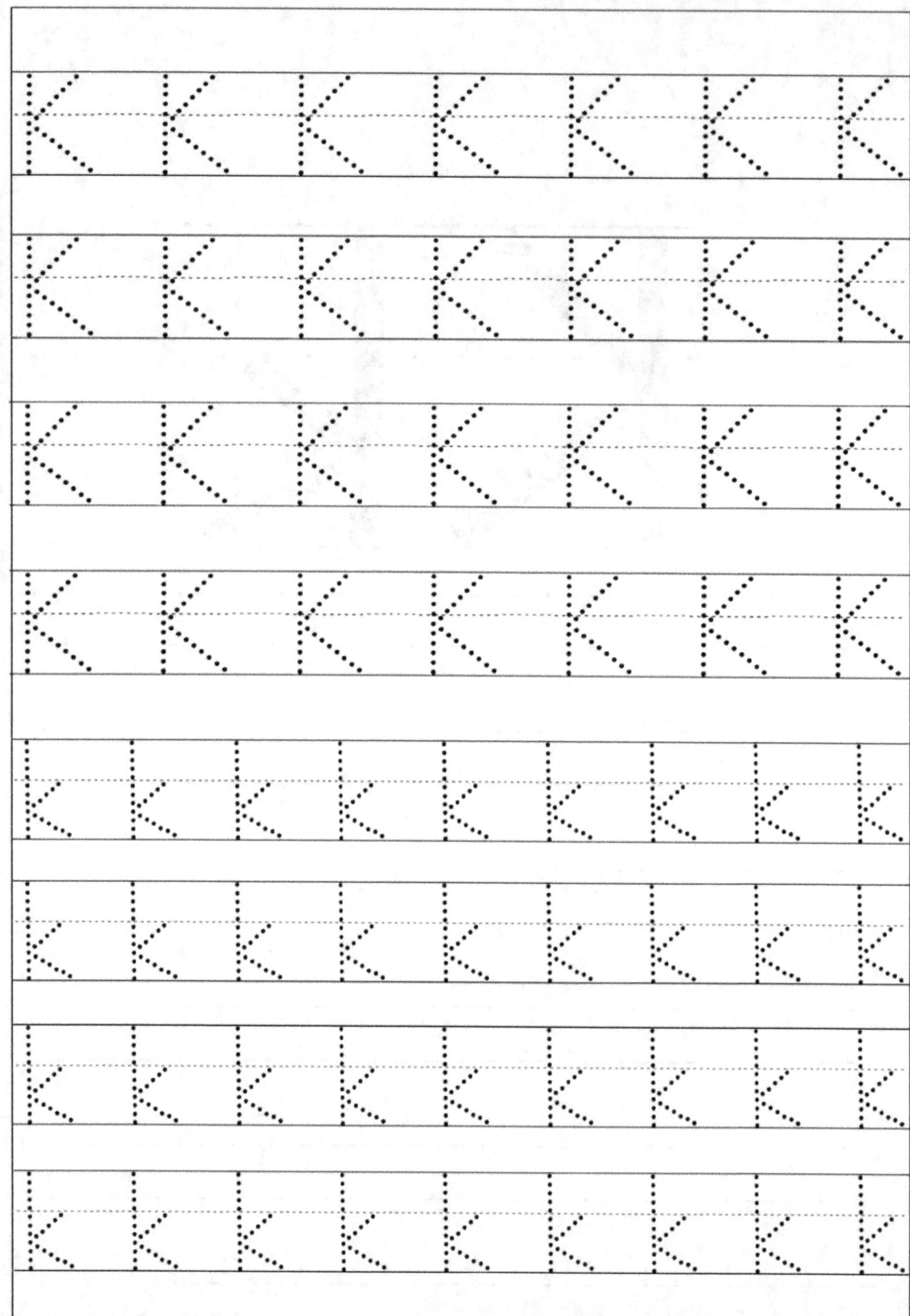

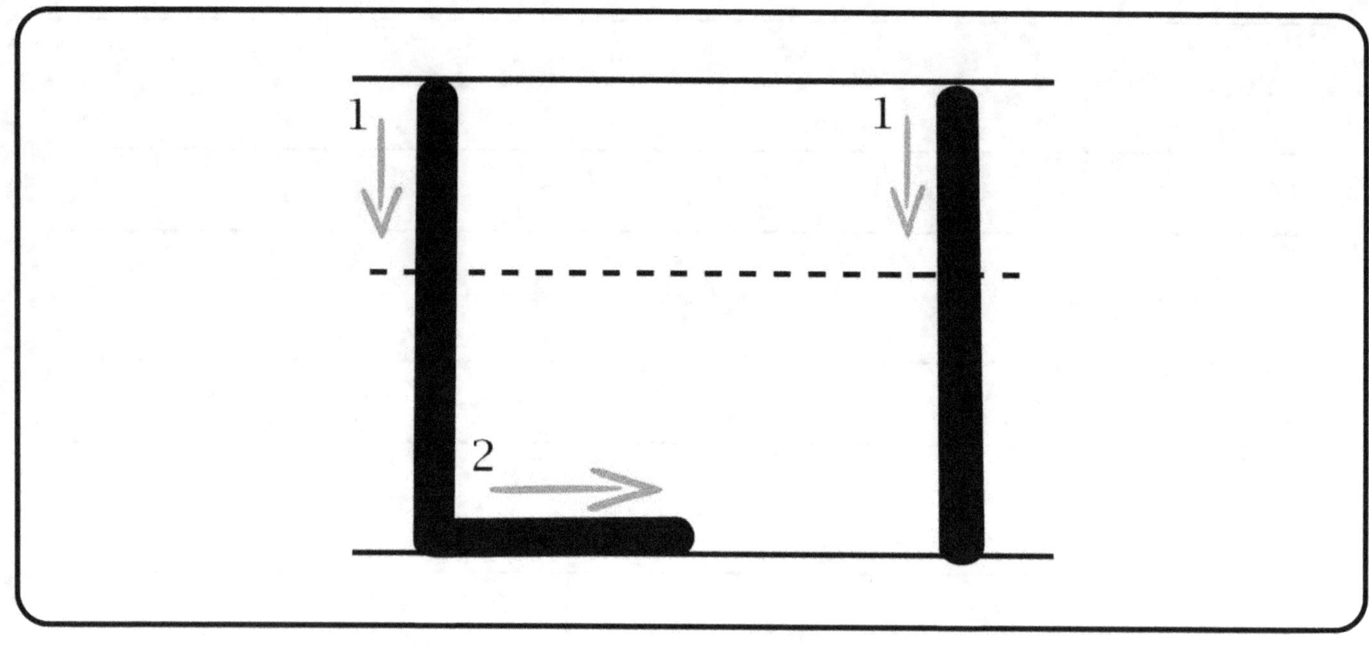

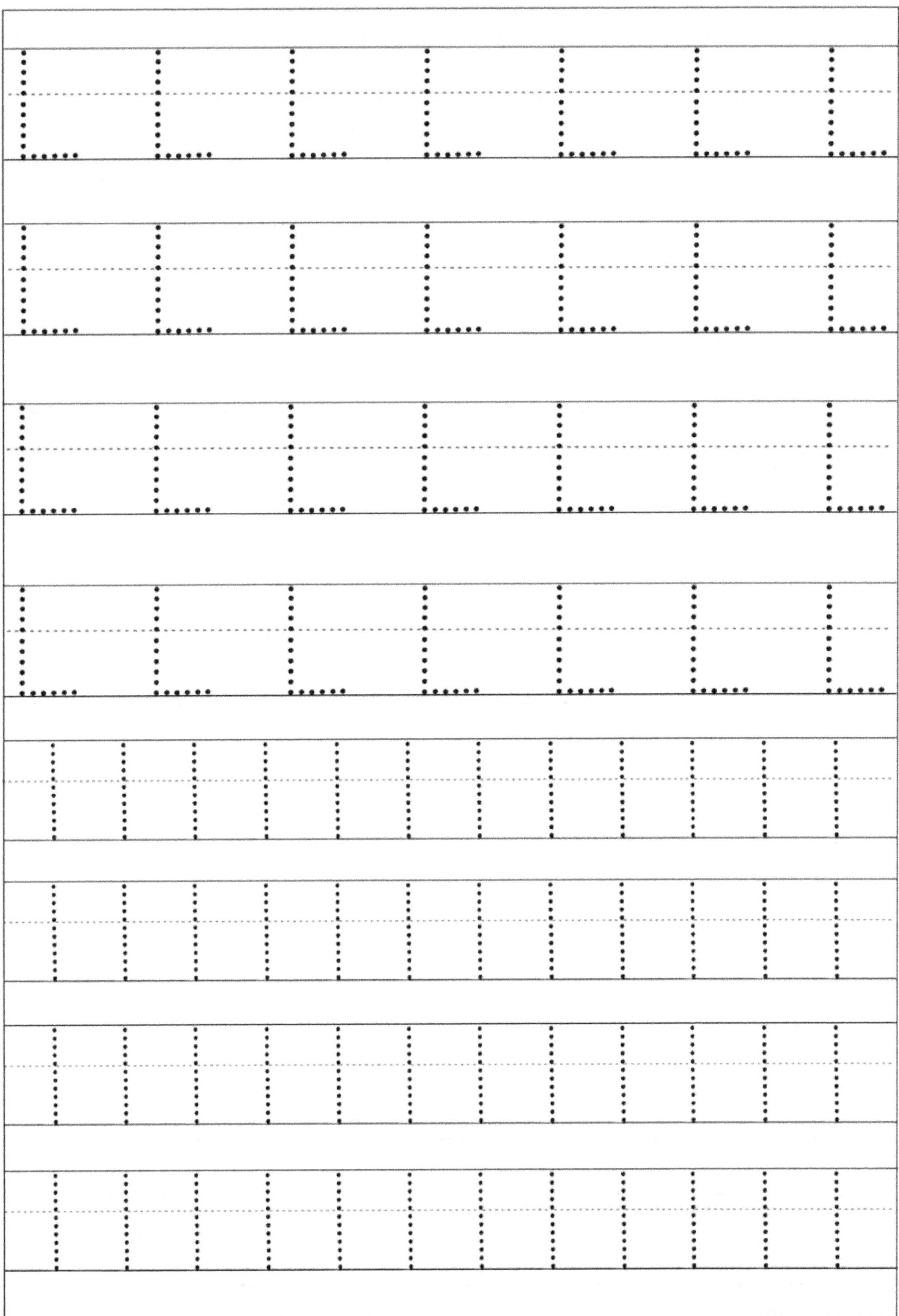

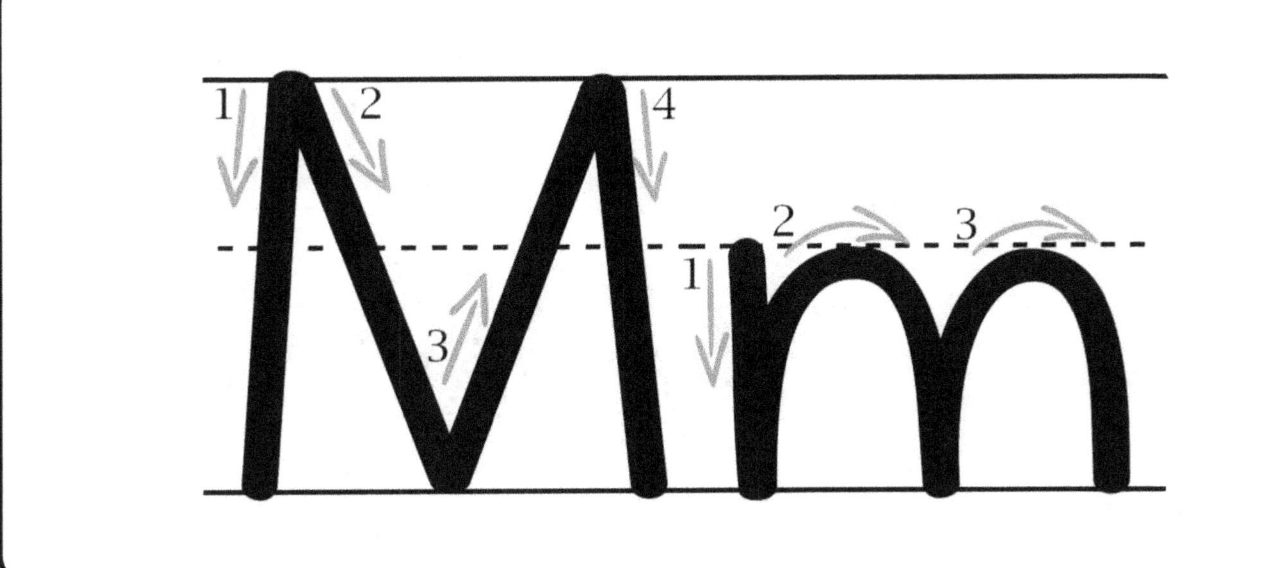

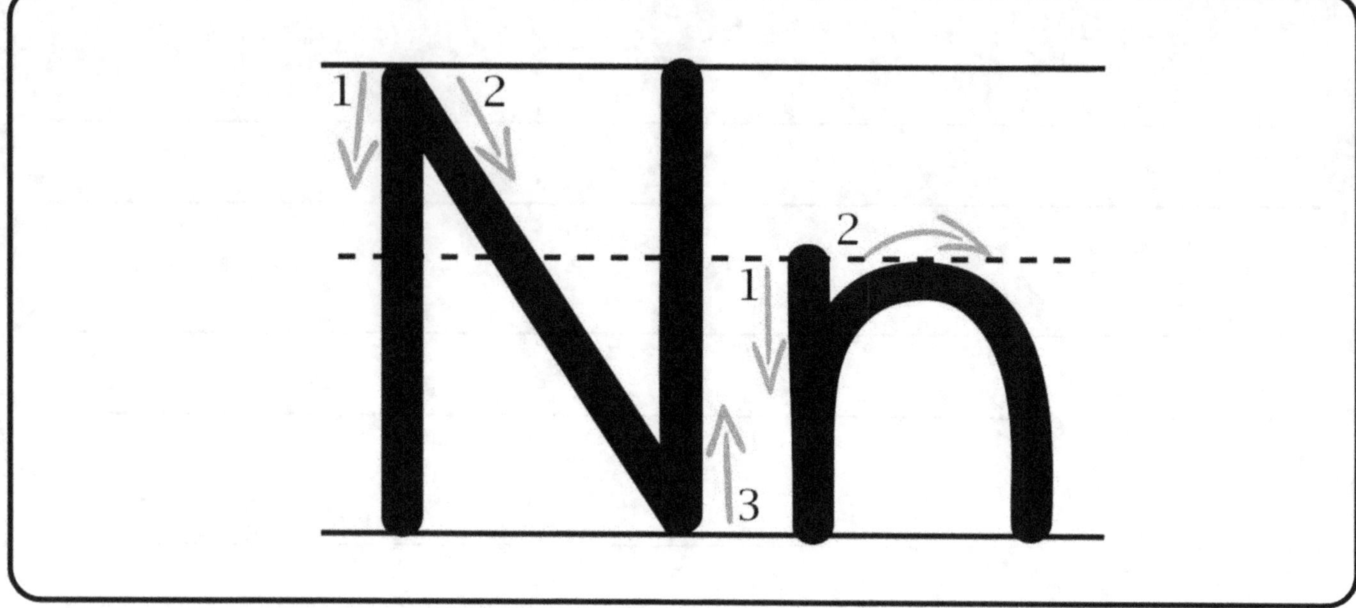

1
2
1
2
3

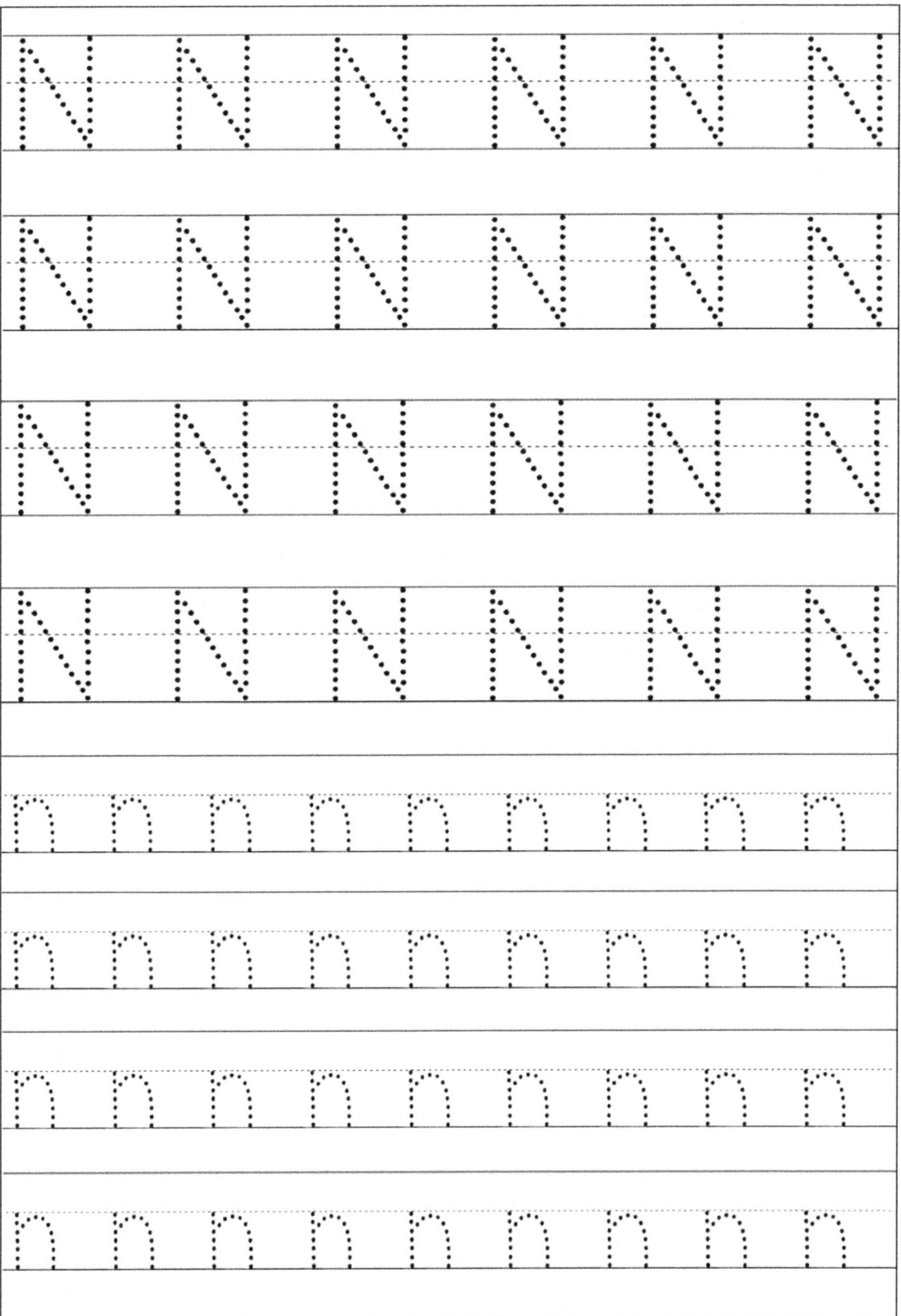

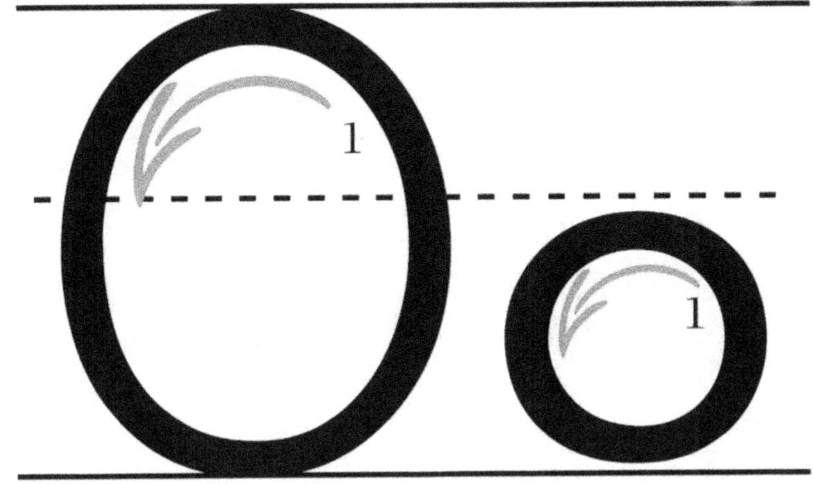

P P P P P P P

P P P P P P P

P P P P P P P

P P P P P P P

p p p p p p p p p

p p p p p p p p p

p p p p p p p p p

p p p p p p p p p

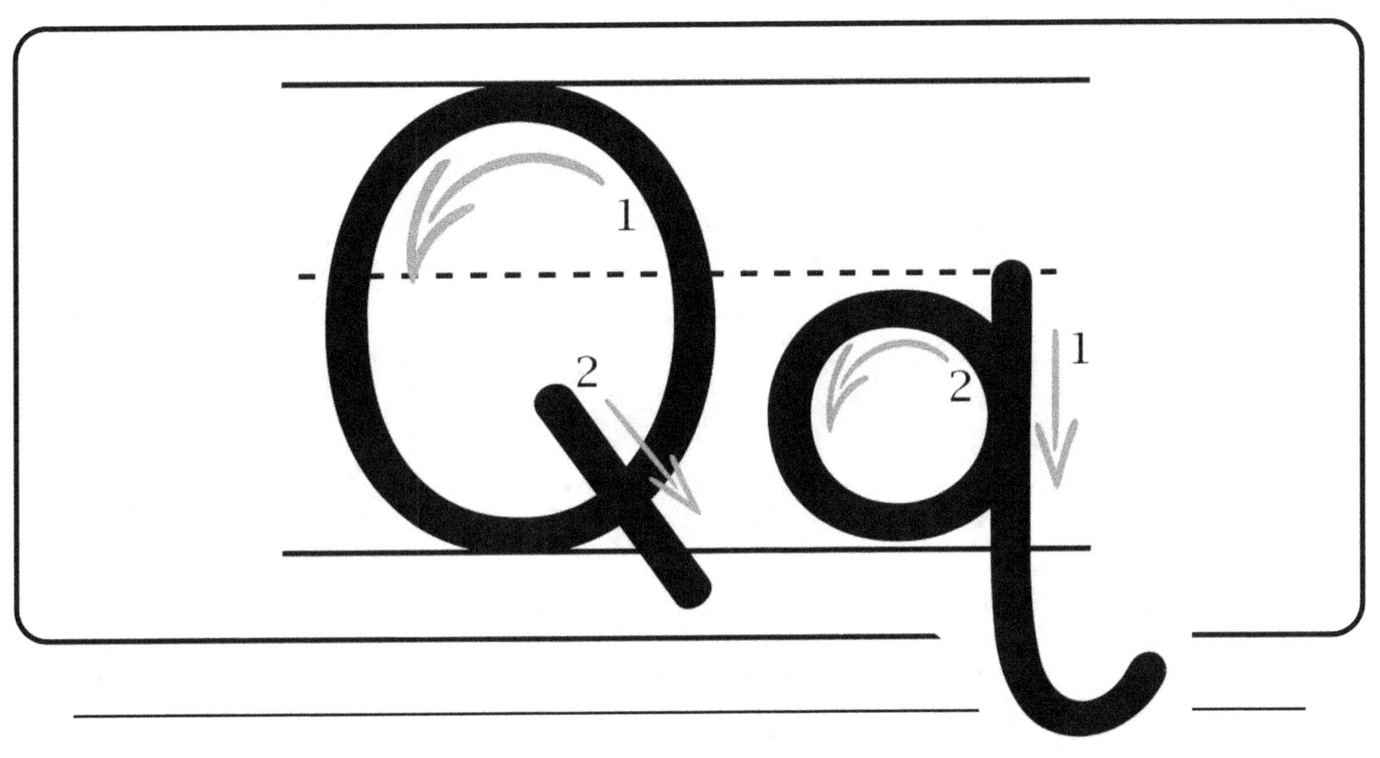

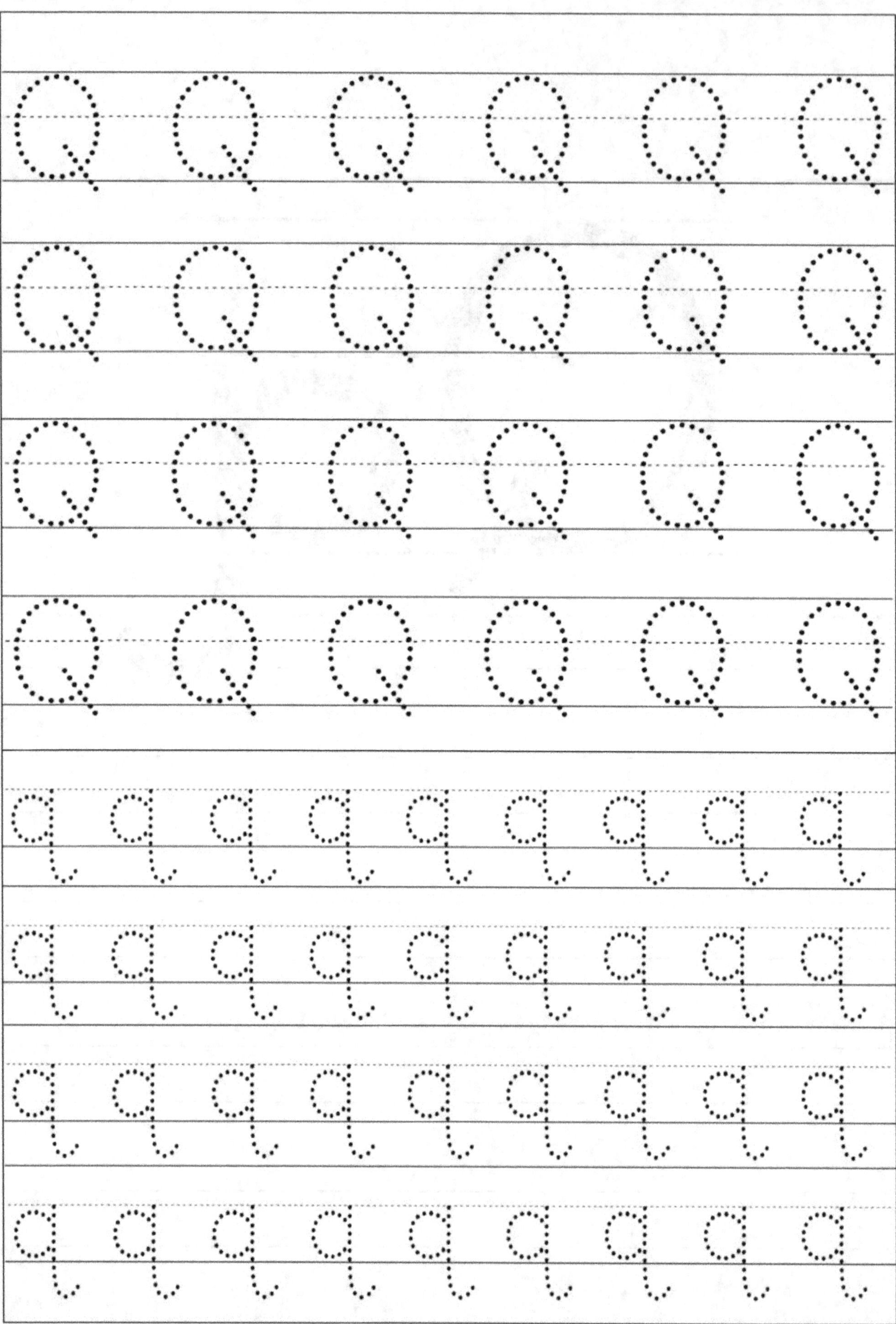

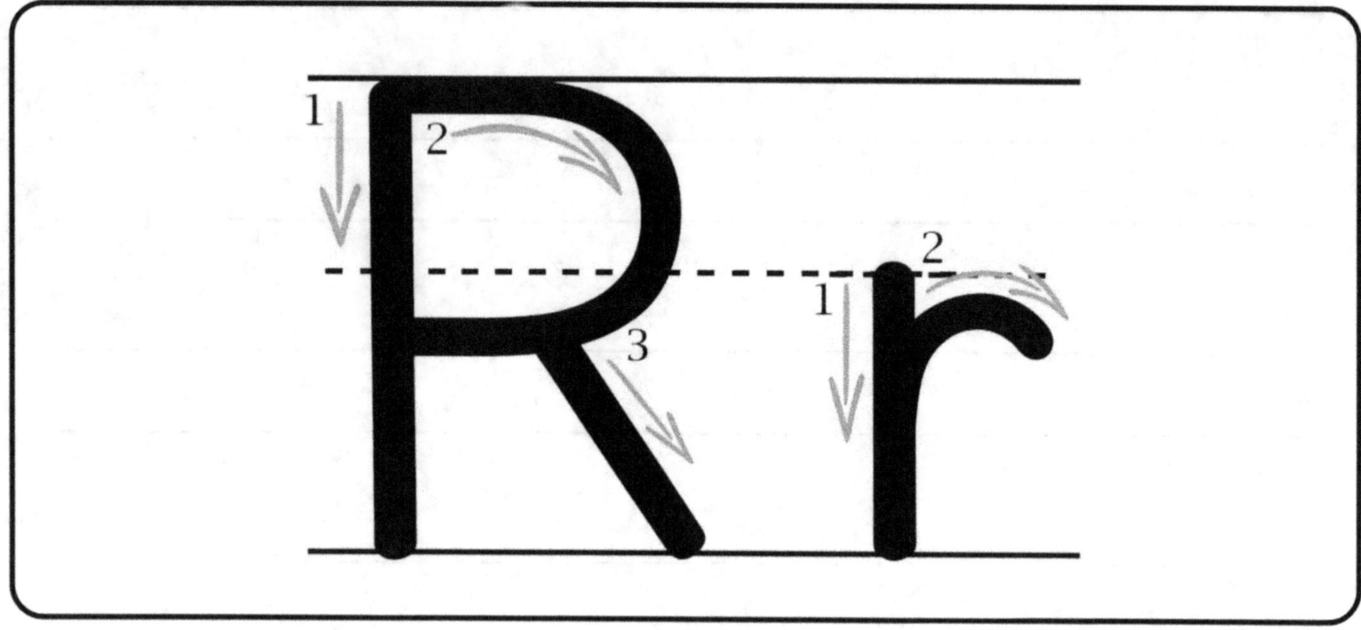

R R R R R R

R R R R R R

R R R R R R

R R R R R R

r r r r r r r r r

r r r r r r r r r

r r r r r r r r r

r r r r r r r r r

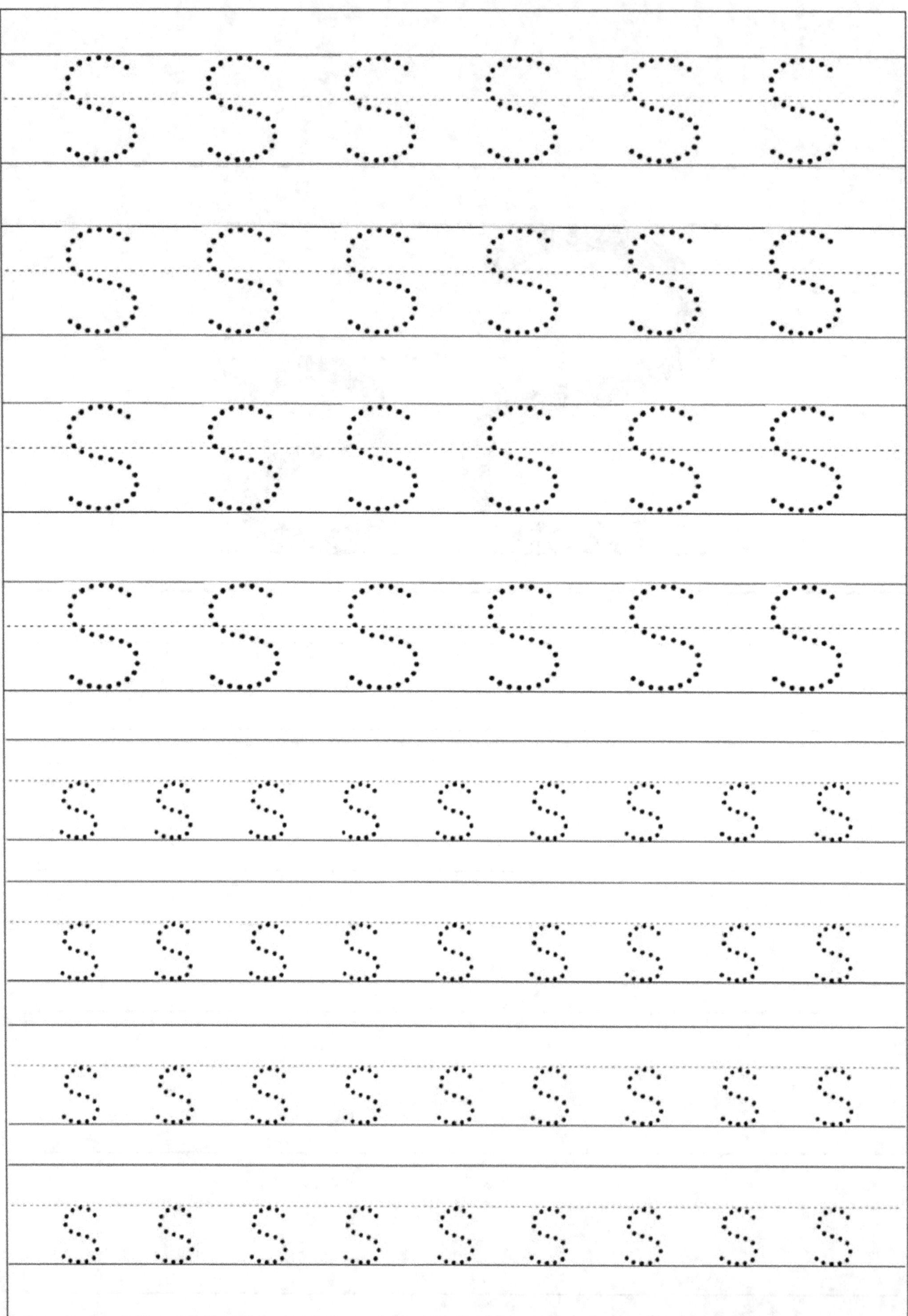

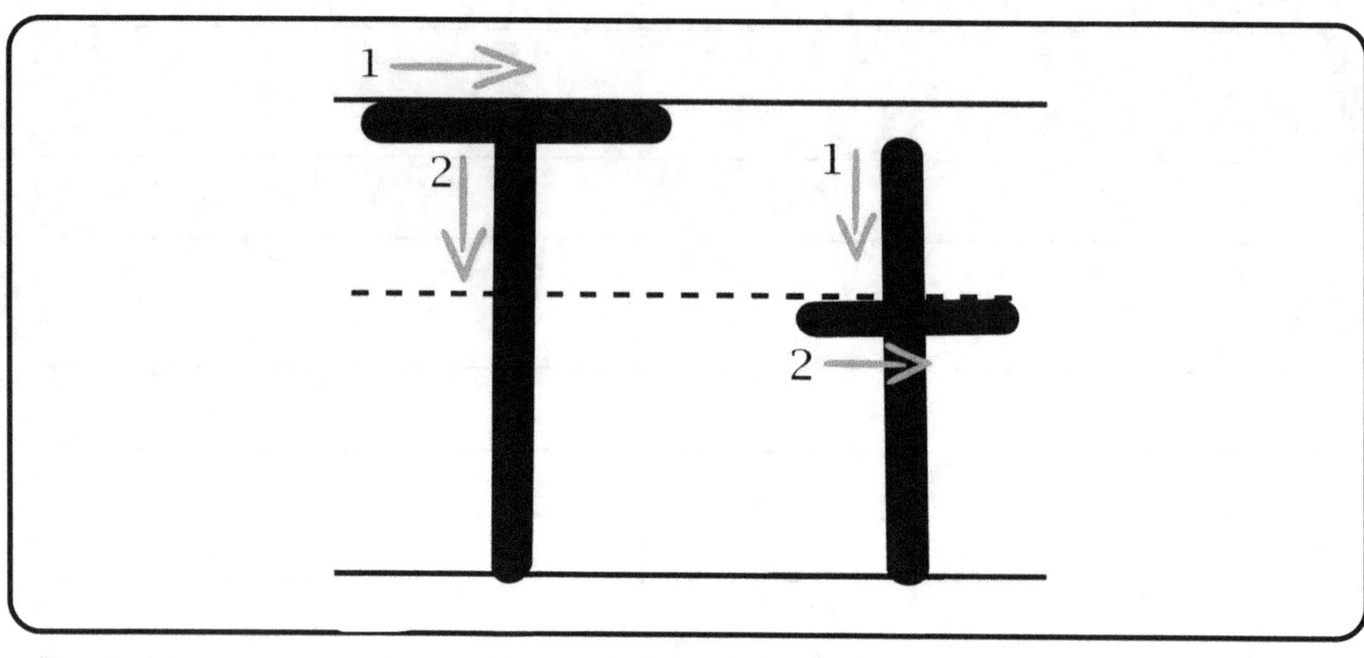

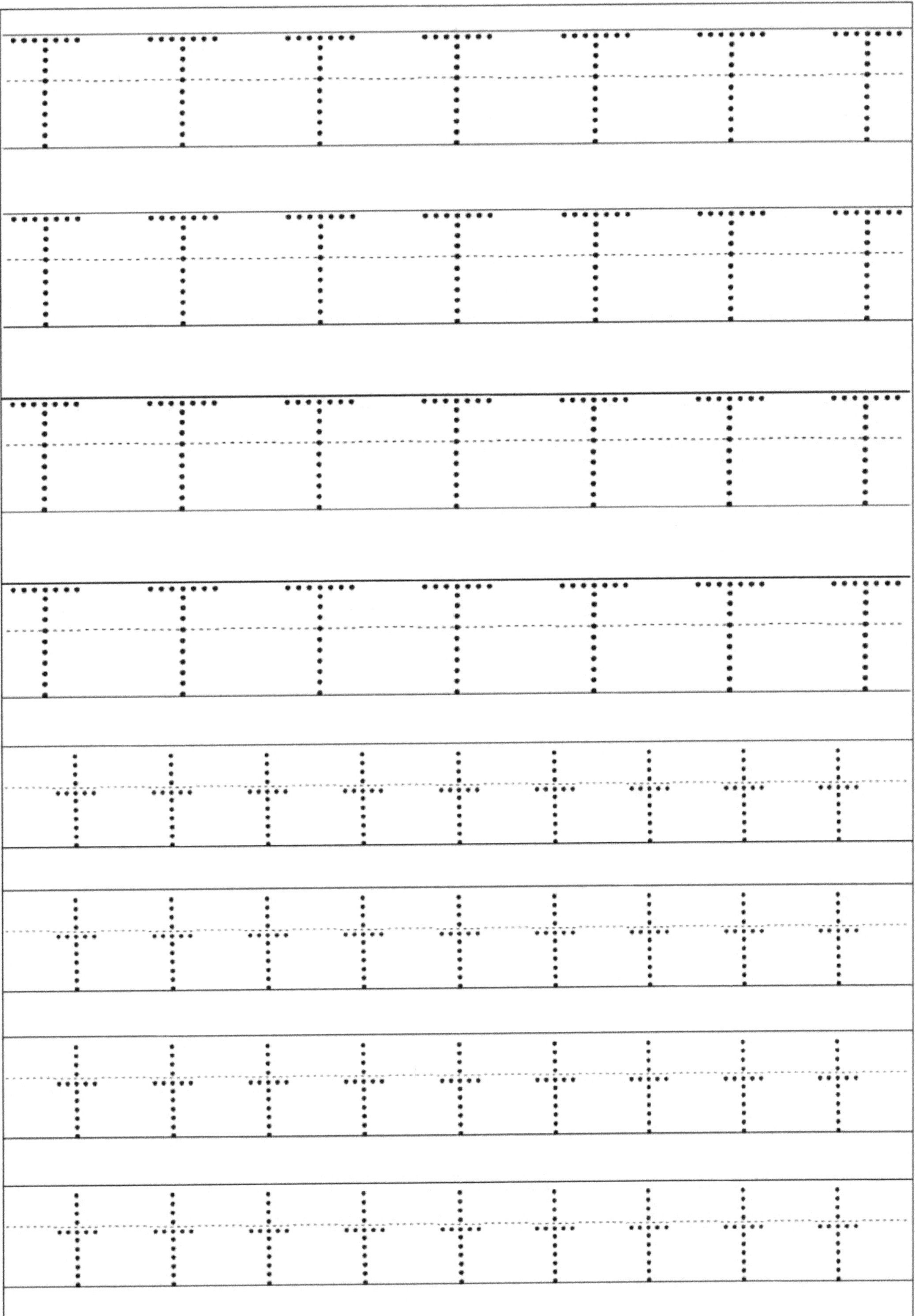

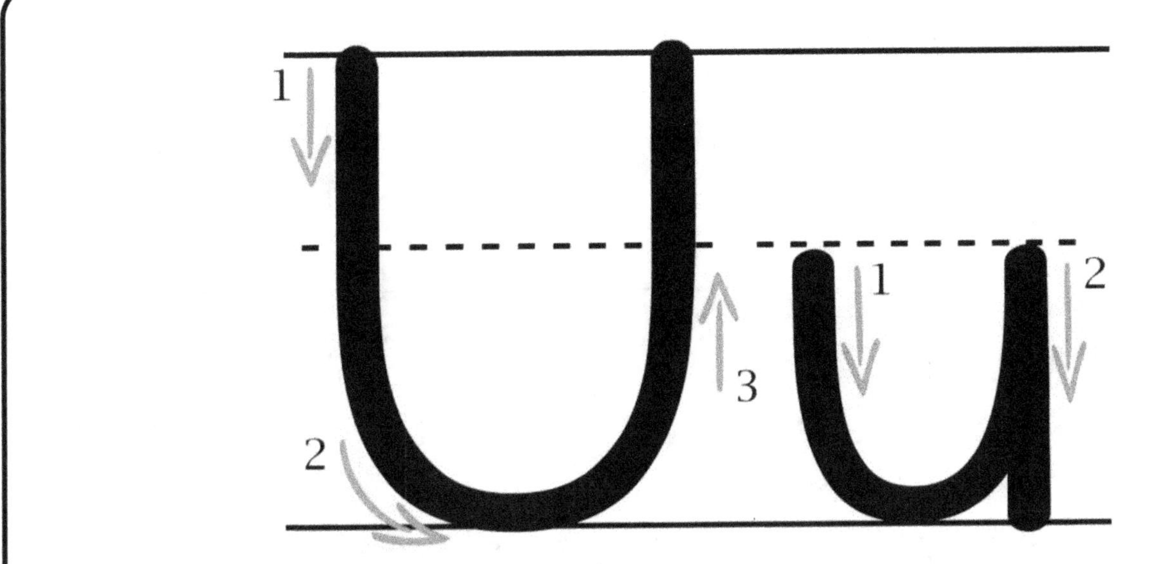

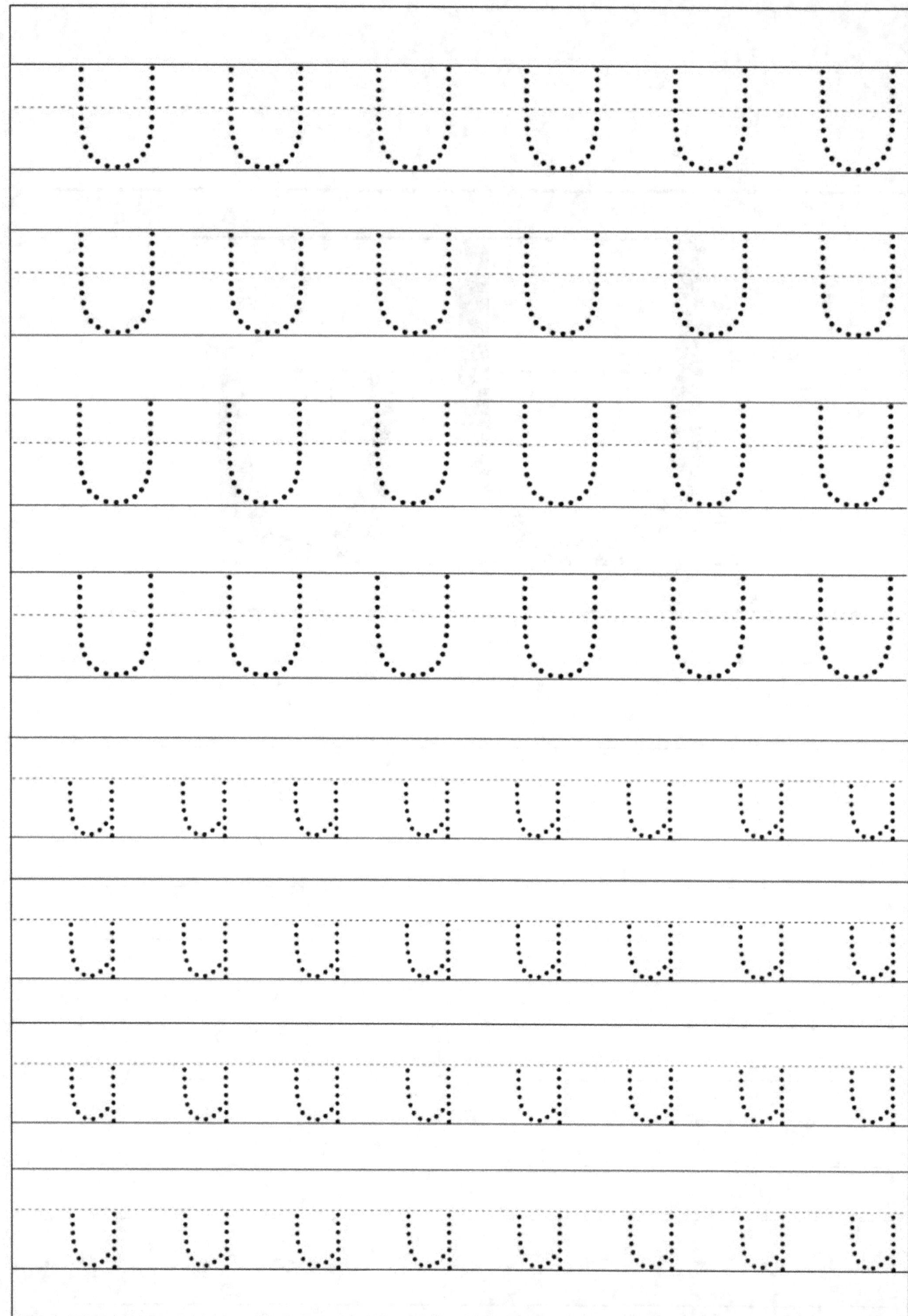

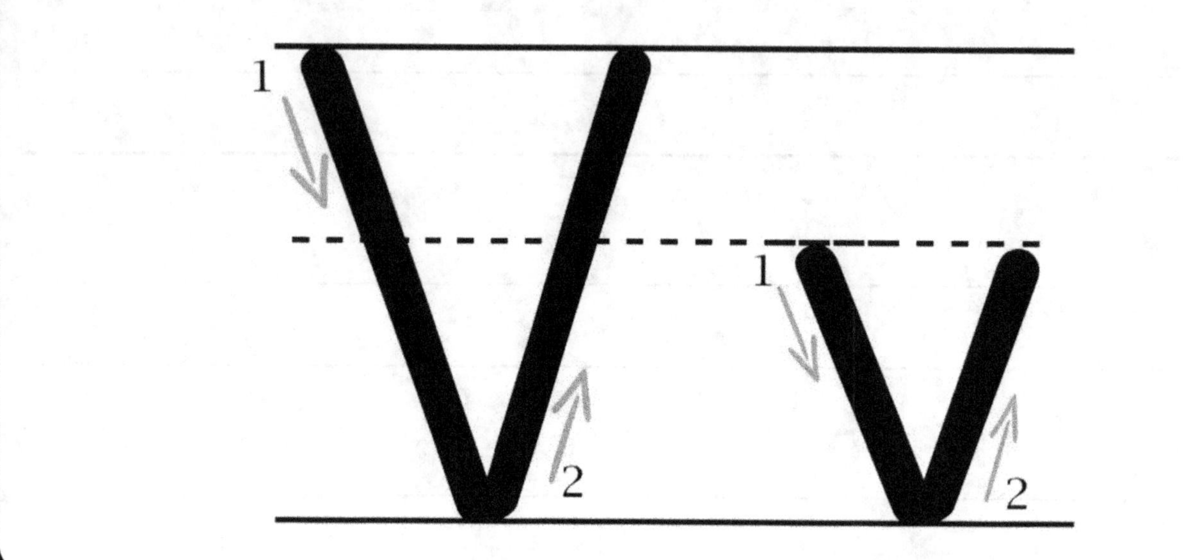

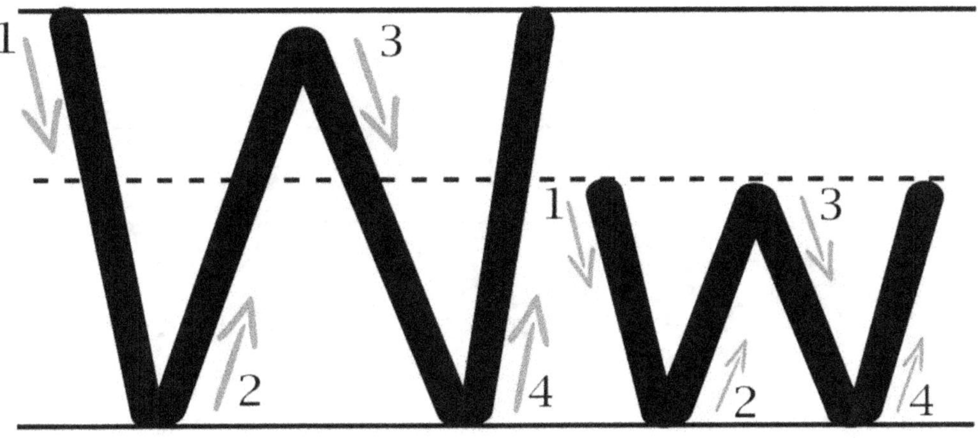

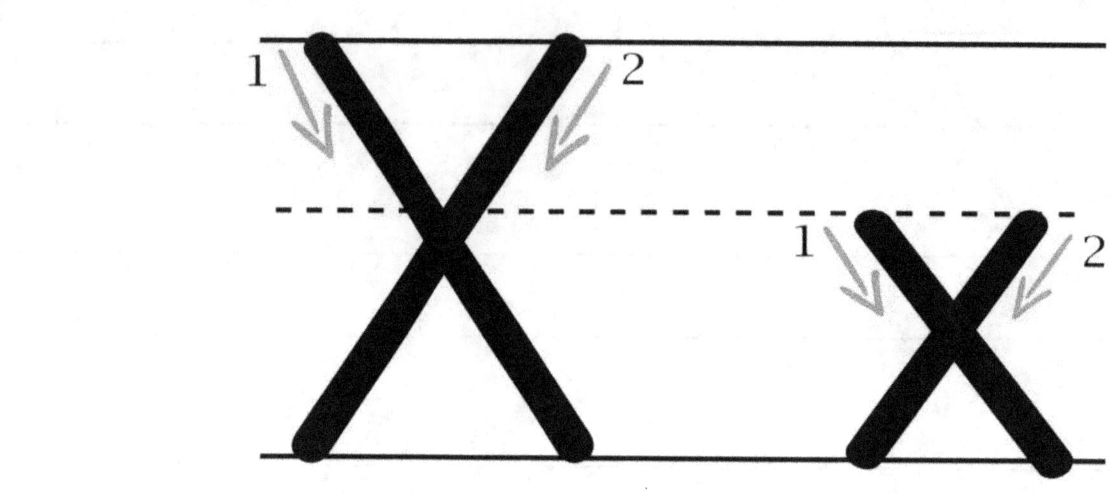

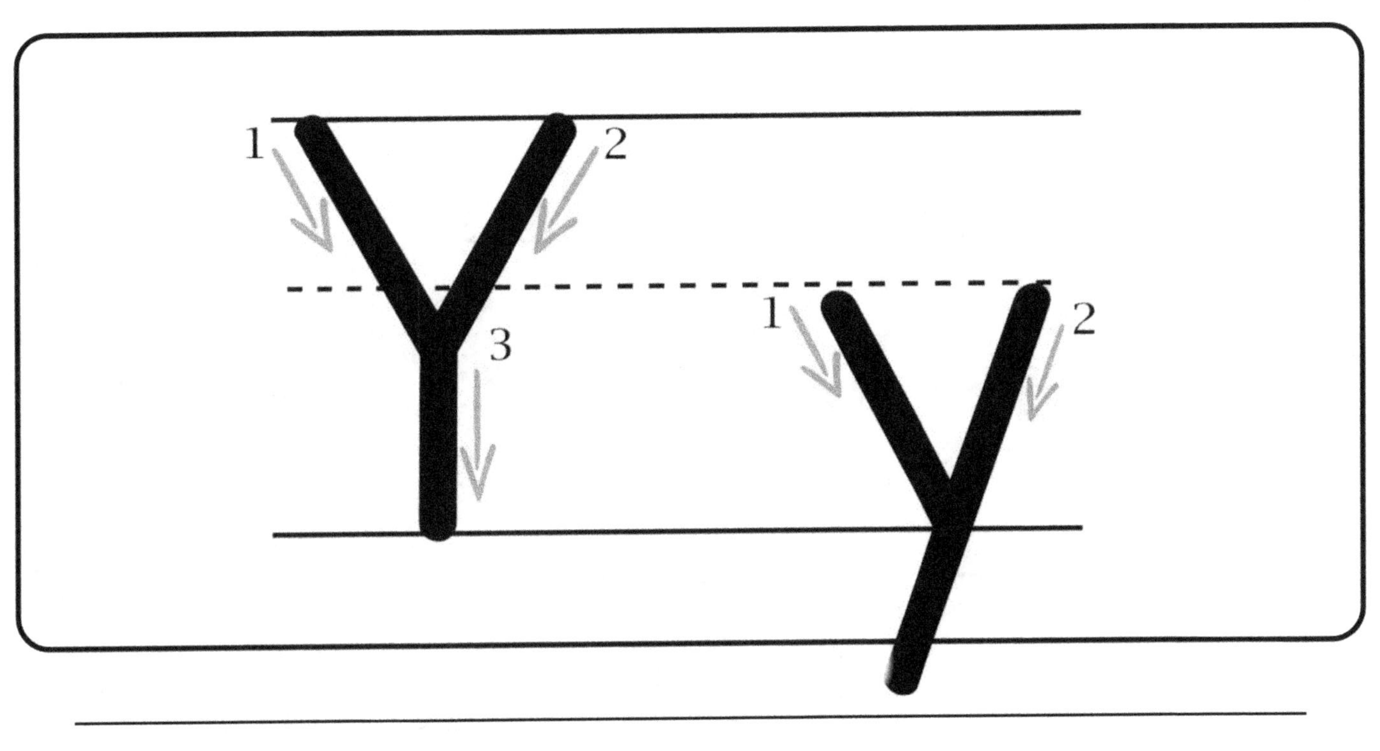

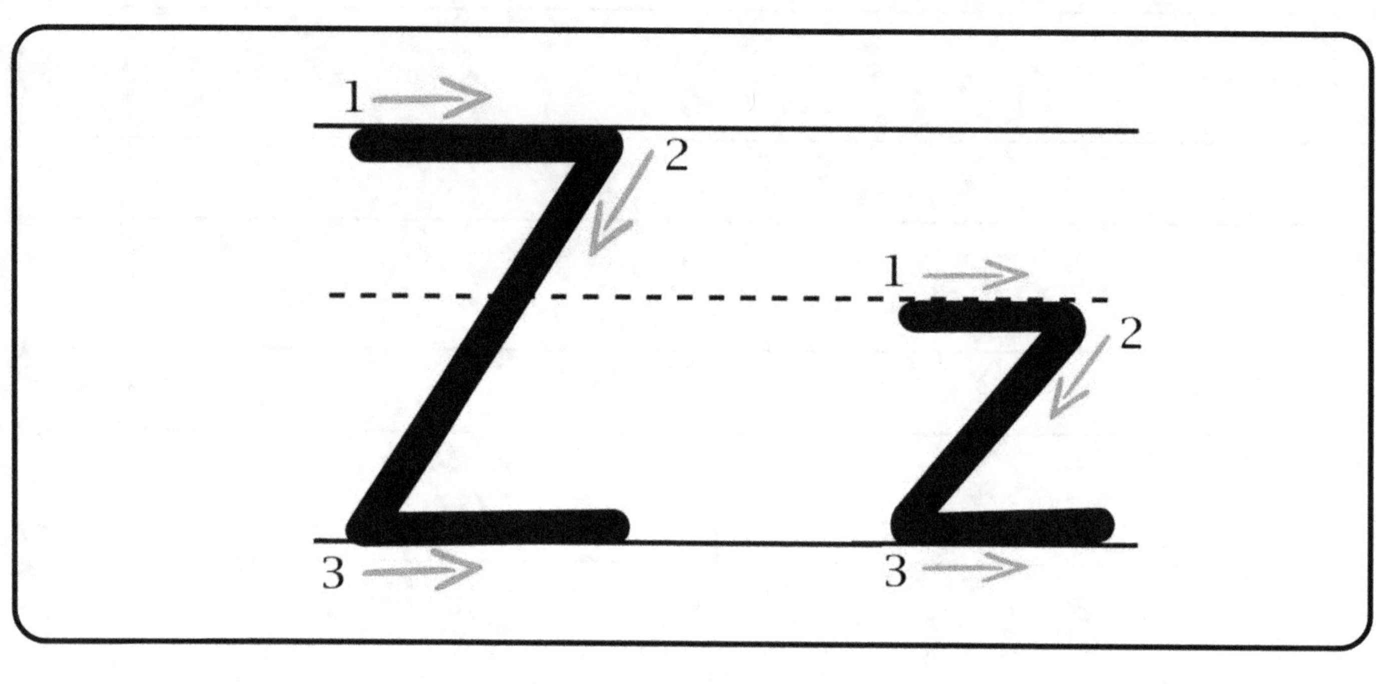